I0018641

Heinrich Barta

Formularerstellung in SAP

Smart Forms und andere Methoden

Bachelor + Master
Publishing

Barta, Heinrich: Formularerstellung in SAP: Smart Forms und andere Methoden, Hamburg, Diplomica Verlag GmbH 2012
Originaltitel der Abschlussarbeit: Anwendungssysteme SAP Formularerstellung

ISBN: 978-3-86341-148-0
Druck: Bachelor + Master Publishing, ein Imprint der Diplomica® Verlag GmbH, Hamburg, 2012
Zugl. Fachhochschule für Oekonomie und Management München, München, Deutschland, Seminararbeit, 2005

Bibliografische Information der Deutschen Nationalbibliothek:
Die Deutsche Nationalbibliothek verzeichnet diese Publikation in der Deutschen Nationalbibliografie;
detaillierte bibliografische Daten sind im Internet über http://dnb.d-nb.de abrufbar.

Die digitale Ausgabe (eBook-Ausgabe) dieses Titels trägt die ISBN 978-3-86341-648-5 und kann über den Handel oder den Verlag bezogen werden.

Dieses Werk ist urheberrechtlich geschützt. Die dadurch begründeten Rechte, insbesondere die der Übersetzung, des Nachdrucks, des Vortrags, der Entnahme von Abbildungen und Tabellen, der Funksendung, der Mikroverfilmung oder der Vervielfältigung auf anderen Wegen und der Speicherung in Datenverarbeitungsanlagen, bleiben, auch bei nur auszugsweiser Verwertung, vorbehalten. Eine Vervielfältigung dieses Werkes oder von Teilen dieses Werkes ist auch im Einzelfall nur in den Grenzen der gesetzlichen Bestimmungen des Urheberrechtsgesetzes der Bundesrepublik Deutschland in der jeweils geltenden Fassung zulässig. Sie ist grundsätzlich vergütungspflichtig. Zuwiderhandlungen unterliegen den Strafbestimmungen des Urheberrechtes.

Die Wiedergabe von Gebrauchsnamen, Handelsnamen, Warenbezeichnungen usw. in diesem Werk berechtigt auch ohne besondere Kennzeichnung nicht zu der Annahme, dass solche Namen im Sinne der Warenzeichen- und Markenschutz-Gesetzgebung als frei zu betrachten wären und daher von jedermann benutzt werden dürften.

Die Informationen in diesem Werk wurden mit Sorgfalt erarbeitet. Dennoch können Fehler nicht vollständig ausgeschlossen werden, und die Diplomarbeiten Agentur, die Autoren oder Übersetzer übernehmen keine juristische Verantwortung oder irgendeine Haftung für evtl. verbliebene fehlerhafte Angaben und deren Folgen.

© Bachelor + Master Publishing, ein Imprint der Diplomica® Verlag GmbH
http://www.diplom.de, Hamburg 2012
Printed in Germany

Inhaltsverzeichnis

Abkürzungsverzeichnis

ABAP..................................Advanced Business Application Programming Language

API ....Application Programming Interface

BCI ....Business Communication Interface

DV   ....Datenverarbeitung

ERP...................................Enterprise Resource Planning

HTML ....Hypertext Markup Language

JCo...................................Java Connector

OTF ....Output Text Format

RFC...................................Remote Function Calls

RDI ....Raw Data Interface

SAP   ....Systeme, Anwendungen und Produkte in der DV

XDF ....extensible Data Format

XML..................................Extensible Markup Language

XSF.................................. XML for Smart Forms

Abbildungsverzeichnis

1 Einführung SAP und Formulare

SAP (Systeme, Anwendungen, Produkte in der Datenverarbeitung) ist der weltweit führende Anbieter von Geschäftslösungen und deckt mit einem breit gefächerten Software- und Service-Spektrum von vielen Kunden ganz spezielle Anforderungen ab.

„Das Unternehmen wurde 1972 von fünf IBM-Mitarbeitern gegründet und zählt mittlerweile rund 30.000 Beschäftigte. Allein in der Software-Entwicklung sind weltweit insgesamt 8.200 Mitarbeiter beschäftigt."[1]

Für die einheitliche Erfassung von Daten in DV Systeme werden Formulare genutzt. Zur Ausgabe von Daten in schriftlicher Form (im Gegensatz zu elektronischer Form) werden diese in Formulare niedergelegt.

Formulare verbessern durch ihren reproduzierbar gleichen Aufbau die Erkennbarkeit der enthaltenen Informationen und sind damit wichtiger Grundstock einer funktionierenden Kommunikation. So gleichartig die Ausgabe eines Formulars über die Zeit auch ist (z.B. bei einer Rechnung), so unterschiedlich können die verschiedenen Arten von Formularen sein, die für den Ablauf des Geschäftsbetriebs sind.

Das Erstellen und Pflegen solcher Formulare bedarf eigener Werkzeuge und eines eigenen Know-hows darüber, wie das Formulardesign gehandhabt und wie die erforderlichen Daten ermittelt werden.

Diese Arbeit soll nun einen Einblick darüber geben, wie SAP mit diesem Thema umgeht und wie Daten mit Hilfe eines Formulars in, oder aus SAP zu bekommen sind.

1.1 Ziele von SAP bezüglich Formularen

Bis zur SAP Release Version kleiner 4.6C mussten Formulare aufgrund der Komplexität und der zur Verfügung stehenden Werkzeuge von IT-Personal erstellt werden.[2]

---

[1] http://www.sap.com/germany/company/index.aspx, o. V., o. S., Stand 23.01.2005 17:30.
[2] so auch Hertleif, W., Wachter, C. (2003), S. 13.

Es sollen aber Endanwender (oder zumindest Key-User) in der Lage sein, Formulare selbst zu erstellen bzw. anzupassen. Die Richtung der zukünftigen Formularentwicklung ist also klar erkennbar: weg vom Experten, hin zum SAP-Endanwender.[3]

1.2 Definitionen und Begrifflichkeiten

Dialoganwendungen sind komplexe Programme, die die interaktive Bearbeitung von Daten ermöglichen. Dafür stellen sie dem Anwender Menüs zur Verfügung, aus denen er eine Bearbeitungsart wählen kann.[4]

Drag&Drop Mit Drag&Drop kann der Anwender Objekte aus einem Bereich eines Custom Controls (Quelle) markieren und auf einen anderen Bereich eines Custom Controls (Ziel) fallen lassen. Je nach Objekt wird dann im zweiten Bereich eine Aktion ausgeführt. Quelle und Ziel können dabei das gleiche Control oder zwei unterschiedliche Controls sein.[5]

Formular ist ein standardisiertes Erfassungsinstrument, das entweder in Papier- oder in elektronischer Form (z.B. Web-Formular) vorliegt.[6]

Funktionsbausteine sind ein Element zur programmübergreifenden Modularisierung. Sie kapseln logische Einheiten ... und stellen sie verschiedenen Programmen zur Verfügung. Jeder Funktionsbaustein verfügt über eine Schnittstelle, durch die er mit dem rufenden Programm Daten austauscht.[7]

Funktionsgruppen fassen mehrere Funktionsbausteine zu einer logischen Einheit zusammen. Die Funktionsgruppe stellt für die in ihr enthaltenen Bausteine gemeinsam Verwaltungsfunktionen zur Verfügung.[8]

Key-user Ein Benutzer, der mehr Rechte hat als ein normaler Benutzer, jedoch nicht so viele wie ein Administrator.

---

[3] Vgl. ebd. (gleiche Seite wie bei [2]).
[4] Vgl. Meiners, J., Nüßer, W. (2004), S. 31.
[5] Vgl.
http://help.sap.com/saphelp_erp2004/helpdata/de/87/1a4db7a3ad11d2bd69080009b4534c/frameset.htm
o. V., o. S., Stand 23.01.2005 18:40.
[6] Vgl. http://de.wikipedia.org/wiki/Formular, o. V., o. S., Stand 30.01.2005 14:30.
[7] Vgl. Meiners, J., Nüßer, W. (2004), S. 32.
[8] Vgl. ebd. (gleiche Seite wie bei [7]).

Knoten im Kontext werden in einer Baumstruktur dargestellt. Der erste Knoten im Kontext ist ein Ordnerknoten und hat den Namen des Formulars. Einige Knoten repräsentieren die Daten im Formular. Andere Knoten dienen zum Aufbau einer Formularlogik.[9]

Layout unter diesem Begriff werden alle Einstellungsmöglichkeiten zusammengefasst, die mit der Anordnung von Elementen auf dem Formular zusammenhängen.[10]

Massendruck ist, wenn viele Seiten in kurzer Zeit aufgrund hoher Performance gedruckt werden müssen. (z.B. ab hundert Seiten in der Minute.)

Reports sind Programme, die vorwiegend zur Darstellung von Datensätzen in Form von Listen eingesetzt werden. Die einfachsten Varianten von Reports selektieren Daten aus Datenbanktabellen, verdichten die Daten und geben sie abschließend aus. [11]

Transaktionen stellen innerhalb des R/3-Systems die kleinste für den Anwender ausführbare Programmeinheit dar. ... Wird der Name der Transaktion eingegeben, wird das hinter der Transaktion liegende Programm ausgeführt. Der Transaktionscode für ein Programm kann direkt eingegeben oder aus einem Menü aufgerufen werden.[12]

---

[9] Vgl.
http://help.sap.com/saphelp_erp2004/helpdata/de/69/34fd1a55ce44aeb2df7c30c9cb7a2b/frame set.htm, o. V., o. S., Stand 28.01.2005 16:30.
[10] Vgl. Hertleif, W., Wachter, C. (2003), S. 20.
[11] Vgl. Meiners, J., Nüßer, W. (2004), S. 31.
[12] Vgl. ebd., S. 32 (bei anderer Seite).

2 Grundlegende Erklärungen zur Entstehung eines Formulars

Ein Formular ist zusammengesetzt aus mehreren Elementen, die auf verschiedene Art und Weise positioniert und formatiert werden. Diese Komponenten müssen sorgfältig miteinander abgestimmt werden. Die Schwerpunkte der gängigsten Formularentwicklung liegen darin, vorhandene Formulare und Stile auf die Anforderungen des jeweiligen Geschäftsbetriebs anzupassen. [13]

Ein gutes Design eines Formulars: [14]

- ▶ spricht den Benutzer an und erleichtert das korrekte Ausfüllen

- ▶ reduziert den Zeit- und Kostenaufwand für die Nachbearbeitung

- ▶ und bietet somit Wirtschaftlichkeit im betrieblichen Ablauf

2.1 Design und Erstellung von Formularen

Steht das Layout eines Formulars bereits fest, aufgrund bestehender anderer oder sogar eine zu überarbeitende Version dieses Formulars, dann ist über das Design nicht viel zu sagen. Die Änderungen bzw. Erweiterungen werden nur möglichst effektiv in das Dokument aufgenommen, um dadurch größere Aufwände zu vermeiden. Aber selbstverständlich hängt es auch von den Änderungen ab, ob diese ohne weiteres durchzuführen sind.

Wird ein Formular neu entworfen, so haben in der Regel viele Personen, z. T. aus unterschiedlichen Abteilungen, spezielle Anforderungen, die das Erreichen der angestrebten Lösung schwieriger machen, da eine intensive Kommunikation erforderlich wird.

Die Erstellung eines Formulars nimmt Zeit in Anspruch und bedarf das Können und Beherrschen von mehreren dafür benötigenden Werkzeugen. SAP bietet zur Erstellung des Layouts, Erstellung der Formularlogik, zur Datenbeschaffung und auch zur Ausgabe speziell dafür entwickelte Werkzeuge an. Diese werden im Kapitel 3 vorgestellt.

---

[13] So auch ebd. S. 19 (bei anderer Seite).
[14] Vgl. http://www.forms2web.at/formulardesign.html, o. V., o. S., Stand 18.01.2005 14:14.

2.2 Statische und dynamische Formulare

Im Formular Layout gibt es noch 2 Unterscheidungsmerkmale: die statischen und die dynamischen Formulare.

Die statischen waren die erste Art von Formularen. Von statischen Formularen spricht man, wenn die Daten, die auf dem Formular vorzufinden sind, zwar pro Formular unterschiedlich sind, aber auf jedem immer in derselben Menge an genau der selben Stelle stehen. Als Beispiel sei hier eine Gehaltsabrechnung genannt.

Dynamische Formulare dagegen beinhalten pro Exemplar immer eine andere Anzahl von Informationszeilen. Die bekanntesten dieser Art sind Statistiken und Auswertungen.

Am gängigsten ist heute eine Vermischung dieser beiden Formulararten. Die bekanntesten Beispiele dafür sind eine Rechnung und ein Lieferschein. Der Formularkopf, der die Empfänger- und Absenderinformationen beinhaltet, ist statisch und die einzelnen Formularpositionen sind dynamisch – unabhängig von der endgültigen Anzahl der Positionen.

Ein Beispiel der vermischten Formularart ist in der Anlage 1 abgebildet.

2.3 Entwurf und Ausgabe

Jede Seite, die in SAP mit dem internen Werkzeug erstellt wird, wird als Entwurfseite bezeichnet. Bei Ausgabe dieses Formulars werden die dort im Layout eingebauten Fenster mit entsprechenden Daten gefüllt. Bei Abwicklung über Erst- und Folgeseiten muss die Steuerung über die Ausgabesteuerung des Werkzeugs selbst entschieden werden, wann eine neue Ausgabeseite mit dem Layout einer Folgeseite beginnen muss. [15]

Abbildung 1 zeigt den Ablauf der Formularausgabe in einer grafischen Darstellung. Die Grafik verdeutlicht den wichtigen Unterschied zwischen Entwurf- und Ausgabeseiten.

---

[15] Vgl. Hertleif, W., Wachter, C. (2003), S. 21 ff.

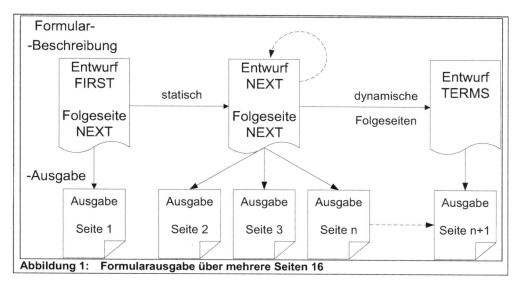

Abbildung 1: Formularausgabe über mehrere Seiten 16

Hier werden die Begriffe statisch und dynamisch noch in einem anderen Zusammenhang gebraucht.

Die erste Seite im Navigationsbaum ist die Startseite und wird üblicherweise FIRST genannt. Mit ihr beginnt bei der Ausgabe die Prozessierung des Formulars. Ist eine Ausgabeseite gefüllt, dann wird die Ausgabesteuerung entscheiden, ob noch weitere Seiten erzeugt werden müssen. Die übliche Kurzbezeichnung der Folgeseite ist NEXT. Wegen der festen Zuordnung dieser Folgeseite wird auch von einer statischen Abwicklung gesprochen. Alternativ dazu kann sich die Folgeseite aber auch dynamisch über einen manuellen Seitenumbruch ergeben (d.h. aufgrund individueller Bedingungen zur Laufzeit). [17]

Dieses Verständnis ist für die praktische Umsetzung der Arbeiten vom Entwurf bis zur Produktion unerlässlich.

---

[16] Vgl. ebd., S. 22, S. 185 (bei anderer Seite).
[17] Vg. Hertleif, W., Wachter, C. (2003), S. 185 f.

3. Werkzeuge zur Formularerstellung

In diesem Kapitel wird nun auf die genauen Anforderungen, deren Lösungsalternativen, dessen Werkzeuge und Problematiken eingegangen.

Seit der SAP Basis-Version 4.6C steht das neue Werkzeug zur Formularerstellung „SAP Smart Forms", im folgenden nur „Smart Forms" genannt, zur Verfügung. Davor mussten Formulare über eine Scriptsprache „SAP Script" erstellt werden. [18]

„Durch seine neue grafische Oberfläche bietet Smart Forms auch dem weniger geübten Anwender einen leichten Zugang zum SAP-Formularwesen. Mit Smart Forms verringert sich der Aufwand für die Erstellung und Pflege von Formularen nicht nur entscheidend, sondern dank dieser Oberfläche sind viele Formularanpassungen ohne Programmierkenntnisse möglich." [19]

Folgende technischen Vorteile werden in genannt:[20]

> ▸ „Hohe Performanz bei Massendruck
>
> ▸ Anbindung an das SAP-Transportwesen
>
> ▸ Plattformunabhängigkeit
>
> ▸ Mehrsprachigkeit
>
> ▸ Web-Publishing über XML-Ausgabe"

Mit Hilfe der grafischen Oberfläche können Objekte bereits im Entwurf entsprechend positioniert und in ihrer Größe angepasst werden. Dies fällt wesentlich leichter als die trial- und error- Mitgabe von Objektkoordinaten und –größen in Form von Parameter für die entsprechenden Befehle.

Für Smart Forms stehen für das Design eines Formulars folgende grafischen Werkzeuge zur Verfügung:

---

[18] so auch ebd., S. 13 (bei anderer Seite).
[19] Ebd. (gleiche Seite wie bei [18]).
[20] Hertleif, W., Wachter, C. (2003), S. 13.

- ▸ Style Builder (Formular Stil Pflege)

- ▸ Form Builder (Formular Logik Bearbeitung)

- ▸ Form Painter (grafische Änderung oder nur Prüfung eines vorhandenen Layouts)

- ▸ Table Painter (Darstellung und Pflege von Layout-Tabellen)

Besondere Aufgaben, die über die grafische Menüführung nicht erzielt werden können, sowie auch komplexere Anforderungen, wie z.B. der Datenbeschaffung, werden über die SAP-eigene Programmiersprache ABAP (Advanced Business Application Programming Language) erfüllt.

Grundsätzlich sind alle Werkzeuge zur Formularerstellung über das SAP Easy Access Menü zu finden, unter SAP Menü → Werkzeuge → Formulardruck. Auch der Transaktionscode wurde diesmal dem neuen Standard angepasst: er lautet Smartforms.

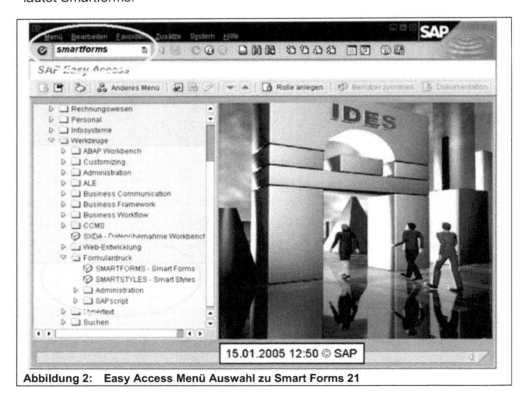

Abbildung 2: Easy Access Menü Auswahl zu Smart Forms 21

Der Einstieg in Smart Forms kann über die Eingabe eines Formularnamens, eines Stilnamens oder eines Textbausteinnamens erfolgen. Sind die Namen aufgrund der Namenskomplexität nicht bekannt, so können diese über eine Auswahlfunktion, die jeweils direkt rechts neben dem entsprechenden Feld angeboten wird.

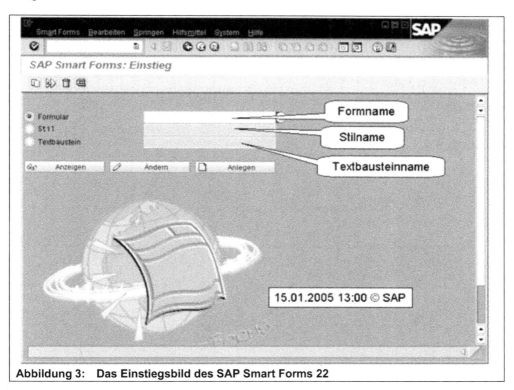

Abbildung 3: Das Einstiegsbild des SAP Smart Forms 22

---

22 SAP AG, Stand 15.01.2005 13:00.

3.1 Architektur des SAP Smart Form Systems

Werden zu einer Anwendung Formulare erstellt, müssen diese in der Regel Anwendungsdaten im Formular eingebunden haben. Die Architektur von SAP Smart Forms ist darauf ausgelegt, die Beschaffung der Anwendungsdaten von der Definition des eigentlichen Formulars zu trennen.[23]

In der Abbildung 4 ist die Struktur des Smart Form Systems dargestellt:

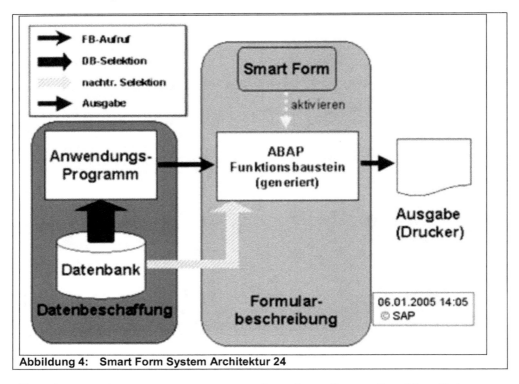

Abbildung 4:   Smart Form System Architektur 24

Zuerst muss davon ausgegangen werden, dass die gewünschten Daten zur Ausgabe des Formulars zur Verfügung stehen. Das Thema Daten im Formular wird im Kapitel 3.8 behandelt.

---

23 Vgl.
http://help.sap.com/saphelp_erp2004/helpdata/de/9b/e3b0e0c2a711d3b558006094192fe3/frameset.htm, o. V., o. S., Stand 06.01.2005 14:05.
[24]

http://help.sap.com/saphelp_erp2004/helpdata/de/9b/e3b0e0c2a711d3b558006094192fe3/frameset.htm, Stand 06.01.2005 14:05.

20

3.2 Der Style Builder

Der für das Formular gewählte Stil gibt Smart Forms die Absatz- und Zeichen-formate zur Formatierung von Texten und Feldern vor. Das Werkzeug für diese Arbeiten wird in SAP Style Builder genannt. [25]

Die Aufgaben zur Definition des Stils müssen nicht unbedingt vor der Erstellung eines jeden Formulars gemacht werden. Ein einmal festgelegter Stil sollte nach Möglichkeit erst dann wieder geändert werden, wenn sich das Design grundlegend ändert. Ein standardisierter Stil wiederspiegelt die Corporate Identity im Unternehmen.

„Corporate Identity ist nicht nur die konsequente Umsetzung eines einheitlichen visuellen Erscheinungsbild eines Unternehmens in der Öffentlichkeit, sondern auch ..." [26]

Beim Anlegen eines neuen Formulars wird automatisch der Stil genutzt, der als der Standard Stil definiert wurde.

In der Regel sind mehrere Stile gleichzeitig in Gebrauch, welche wiederum nicht immer ganz neu erstellt werden müssen. Ein vorhandener Stil kann kopiert und braucht dann nur noch geändert bzw. angepasst zu werden. Zusätzlich muss ein erstellter Stil noch aktiviert werden, denn sonst steht er zur Auswahl der vorhandenen Stile nicht zur Verfügung.

Mit dem Transaktionscode Smartstyles gelangt man in das Einstiegsbild des Style Builder. Wenn ein vorhandener Stil ausgewählt wurde, kommt als nächstes das Bearbeitungsbild.

---

[25] So auch Hertleif, W., Wachter, C. (2003), S. 57 ff.
[26] http://www.4managers.de/01-Themen/..%5C10-
Inhalte%5Casp%5Ccorporateidentity.asp?hm=1&um=C, o. V., o. S., Stand 23.01.2005 21:00

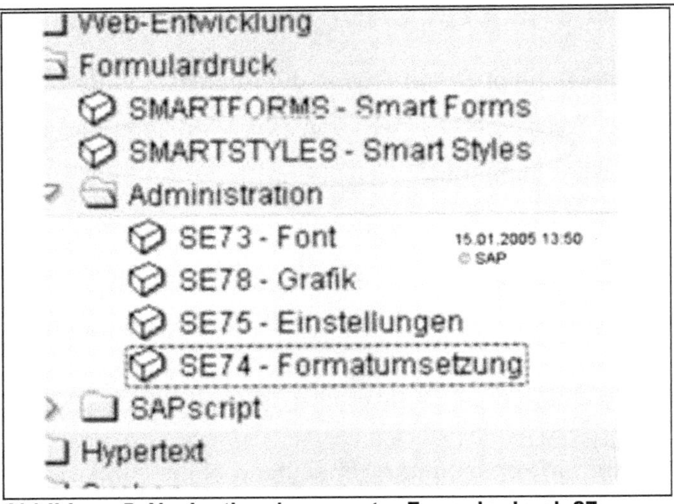

Abbildung 5: Navigationsbaum unter Formulardruck 27

3.3 Der Form Builder

„Der Form Builder bietet eine vollständige grafische Oberfläche, um das Layout eines Formulars und die dazugehörige Formularlogik zu bearbeiten." [28]

Er bildet über einen Hierarchiebaum die gesamte Formularlogik ab, dessen Zweige aus einzelnen Knoten, wie z.B. für globale Einstellungen, Fenster, Texte oder für Grafiken, bestehen.

Änderungen können durch die Auswahl entsprechender Attribute oder per Drag&Drop erfolgen. Nur in Sonderfällen sind dann andere Methoden anzuwenden, die dann noch unter Kapitel 3.6 angesprochen werden.

---

[27] SAP AG, Stand 15.01.2005 13:50.
[28] Hertleif, W., Wachter, C. (2003), S.71 ff.

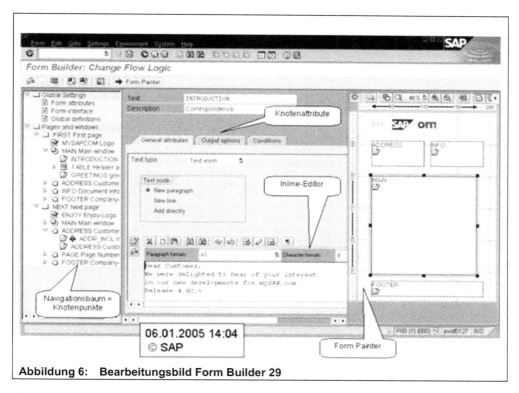

Abbildung 6:   Bearbeitungsbild Form Builder 29

Die Grundeinstellungen des Form Builders können vom Anwender individuell angepasst werden. Diese Funktion ist über das Menü unter Hilfsmittel ➜ Einstellungen zu finden. Dort können die Maßeinheiten und das Seitenformat geändert werden.

3.4 Der Form Painter

„Der Form Painter kann verwendet werden, um das Layout eines Formulars grafisch zu ändern oder auch nur zu überprüfen. Der Form Painter muss (abhängig von der letzten Einstellung) nach Start des Form Builders gesondert aufgerufen werden. Wählen Sie dazu den Menüpfad **Hilfsmittel ● Form Painter ein/aus** oder durch die entsprechende Taste in der Symbolleiste.“ [30]

In der Abbildung 6 ist rechts der Form Painter geöffnet. Die am oberen Rand des Form Painter erkennbare Symbolleiste, enthält die gebräuchlichsten

---

29

http://help.sap.com/saphelp_erp2004/helpdata/de/4b/83fb45df8f11d3969700a0c930660b/frameset.htm, o. V., o. S., Stand 06.01.2005 14:04.
[30] Hertleif, W., Wachter, C. (2003), S. 79 ff.

Funktionen. Diese Funktionen können vom Benutzer auch an eigene, individuelle Einstellungen angepasst werden. Das Menüicon für die Funktionalität ist ganz rechts in der Symbolleiste zu finden.

3.5 Der Table Painter

„Der Table Painter ermöglicht die Darstellung und Pflege des Layouts von Schablonen und Ausgabetabellen. Beide Knotenpunkte ermöglichen die formatierte Ausgabe von Texten und Daten, wie es sonst über Tabulatoren üblich ist." [31]

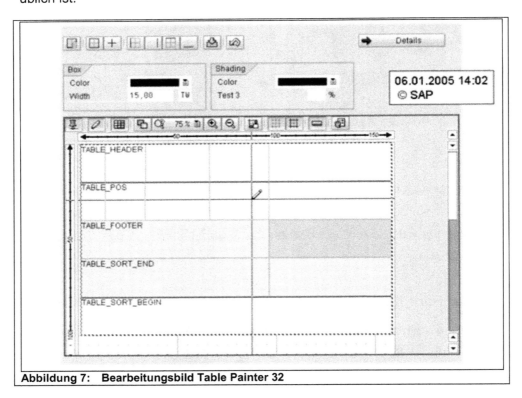

Abbildung 7:   Bearbeitungsbild Table Painter 32

3.6 ABAP-Programmierung

„Eine besondere Eigenschaft von Smart Forms [ist], dass eine definierte Formularschnittstelle für die Datenübergabe zwischen Rahmenprogramm und Formular existiert." [33]

---

[31] Ebd., S. 81 ff. (bei anderer Seite).
[32]

http://help.sap.com/saphelp_erp2004/helpdata/de/4b/83fb4edf8f11d3969700a0c930660b/frameset.htm, o. V., o. S., Stand 06.01.2005 14:02.

24

Somit kann die Beschaffung einzelner Datengruppen über Standardmodule definiert werden und dann immer wieder für mehrere Formulare verwendet werden. Als Beispiel sei ein Adressfeld genannt, welches in jeder Art von Anschreiben immer dieselben Daten und dasselbe Format nutzt. Diese Standardmodule werden in ABAP erstellt.

ABAP ist eine speziell für das R/3-System entwickelte Programmiersprache. Die drei Programmarten unterscheidet:[34]

▶ Reports

▶ Dialoganwendungen

▶ Funktionsgruppen / Funktionsbausteine

Dabei werden Programmcodes durch einen ABAP-Funktionsbaustein als eine eigenständige Einheit abgekapselt, die dann von unterschiedlichen Anwendungsprogrammen aufgerufen werden kann. Bei seiner Aktivierung wird das Formular komplett in einen solchen Funktionsbaustein übersetzt und lässt sich dann, wie jeder sonstige Funktionsbaustein, aus einem beliebigen ABAP-Programm aufrufen.[35]

Die ABAP-Entwicklungsumgebung umfasst mehrere Werkzeuge, wie z.B. den zur Entwicklung erforderlichen Editor, die alle auch über Transaktionen gestartet werden können.

---

[33] Hertleif, W., Wachter, C. (2003), S. 229.
[34] Vgl. Meiners, J., Nüßer, W. (2004), S. 31.
[35] Vgl. Hertleif, W., Wachter, C. (2003), S. 23.

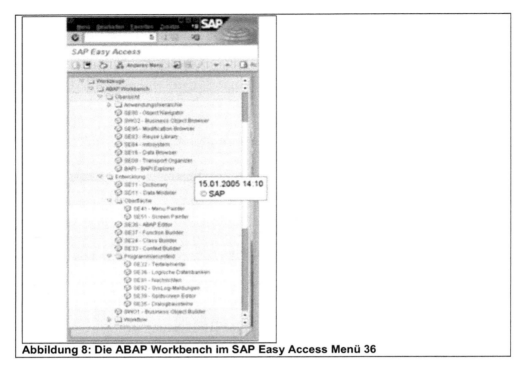

Abbildung 8: Die ABAP Workbench im SAP Easy Access Menü 36

An dieser Stelle kann keine so umfassende Darstellung der Möglichkeiten geboten werden, die sich aus der ABAP-Programmierung ergeben. Hier folgt eine grobe Zusammenfassung der Hauptfunktionalitäten:[37]

▸ Datendefinition

▸ Wertzuweisungen

▸ Abfrage von Datenbanktabellen

▸ Schleifen zur wiederholten Abarbeitung von Anweisungen

▸ Kontrollstrukturen (über Bedingungen) zur alternativen Knoten Auswahl

▸ Aufruf von weiteren Unterprogrammen

▸ Testfunktionen

Je nach Aufgabenstellung wird der Programmcode auch an unterschiedlichen Stellen eingegeben. Die Syntax von ABAP ist aber an jeder Stelle dieselbe.

In der Anlage 2 ist ein Auszug eines ABAP Beispielprogrammcodes abgelegt.

---

[36] SAP AG, Stand 15.01.2005 14:10.
[37] Vgl. Hertleif, W., Wachter, C. (2003), S. 8

3.7 Formulare prüfen, testen und aktivieren

Vor der Freigabe eines Formulars sollte bereits die Prozedur des Prüfens und Testens erfolgreich abgeschlossen sein.

Die Gesamtprüfung eines Formulars beinhaltet das Prüfen eines jeden Einzelknotens, indem jeder enthaltene Knoten nacheinander geprüft wird. Im Anschluss wird auch das Zusammenspiel der jeweiligen Knoten untereinander geprüft.[38]

Als Alternative zur Gesamtprüfung gibt es auch die Prüfung nur eines einzelnen Knotens.

Die Funktion zum Testen eines Formulars wurde vom Function Builder ausgeliehen, welcher ein Teil des Werkzeugs zur ABAP-Entwicklungsum-gebung ist. Er kann über die Menüfunktion Formular ➔ Testen F8 aufgerufen werden. Damit gelangt man in das Einstiegsbild der Transaktion SE37, des Function Builders.[39]

3.8 Daten im Formular

Die Grundaufgabe eines jeden Formulars wird es wohl sein, variable Daten auszugeben, die erst bei der Ausgabe (d.h. zur Laufzeit) bekannt werden. Diese Daten werden üblicherweise vom Rahmenprogramm an das Formular übergeben. Das Rahmenprogramm wiederum beschafft diese Daten aus Datenbanken nach den unterschiedlichsten Kriterien.[40]

Damit die Daten im Formular ausgegeben werden können, werden dafür Platzhalter im Formular verwendet. Diese Platzhalter werden Felder genannt, die im Formular, in Textbausteinen oder auch in einzelnen Knoten platziert sein können.[41]

Um den Feldern zur Laufzeit die richtigen Inhalte zuzuweisen, muss dem System bekannt sein, welche Felder von wo beschafft werden sollen. Dazu gibt es mehrere Methoden, aber auf jeden Fall muss es diese Felder im System

---

[38] Vgl. ebd., S. 85 (bei anderer Seite).
[39] Vgl. Hertleif, W., Wachter, C. (2003), S. 87 f.
[40] Vgl. ebd., S. 143 (bei anderer Seite).
[41] Vgl. ebd. (gleiche Seite wie bei [40]).

geben. Es gibt aber auch globale Daten, deren Inhalt sich erst innerhalb des Formulars ergeben. Gemeint sind damit z.B. Summenberechnungen oder auch Parameter, die zur Formung des Formulars benötigt werden, wie z.B. Seitenumbrüche, welche erst nach Ermittlung der Anzahl der Zeilen durchgeführt werden können.[42]

---

[42] Eben so ebd., S. 144 ff. (bei anderer Seite).

4 Besondere Ausgabeverfahren und Schnittstellenpro-grammierung

Im klassischen Formulardruck werden Formulare am Drucker ausgegeben. Smart Forms gibt das Formular bei Standardausgabe im Format OTF (Output Text Formular) aus.[43]

Es sind aber auch andere Ausgabeformen üblich, wie z.B. das Versenden von Emails oder direkt auf ein Fax des Empfängers. Auch die Archivierung ist eine übliche Form. Weitere sonstige Formen von Ausgaben können auch Daten-ströme in verschiedenen Formaten sein, die von anderen Systemen weiterver-arbeitet werden können. Z.B. HTML oder auch XDF.[44]

Das SAP-eigene Kommunikationssystem BCI (Business Communication Interface) kann die gängigsten Schnittstellen, wie Drucken, E-Mail, Faxausga-be, Paging und Internet damit unterstützen, die meistens und auch für weitere Dienste außerhalb des SAP-Systems erforderlich sind.[45]

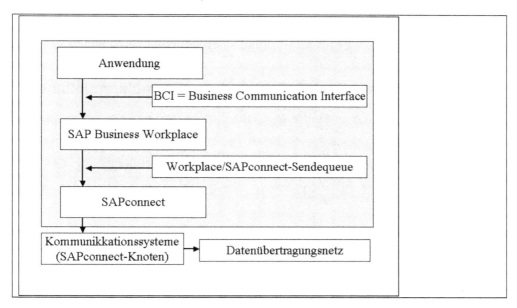

Abbildung 9: SAP-Kommunikationssystem 46

---

[43] Eben so ebd., S. 447 ff. (bei anderer Seite).
[44] Eben so Hertleif, W., Wachter, C. (2003), S. 319.
[45] Eben so ebd. (gleiche Seite wie bei [44]).
[46] Vgl. ebd. (gleiche Seite wie bei [44]).

4.1 XSF Ausgabe

„Für den Datenaustausch im Internet gewinnt XML ... immer größere Bedeutung. Auf der Basis dieses standardisierten Formates besteht die Möglichkeit, unterschiedliche Anwendungen über das Internet in einen gemeinsamen Geschäftsprozess zu integrieren. XML ist damit z. B. die Basis für B2B-Kommunikation (Business to Business)."[47]

XSF ist eine SAP Bezeichnung für XML for Smart Forms. Es bietet die Möglichkeit, den Inhalt eines Formulars nach dem XML-Schema auszugeben. Damit werden nur die prozessierten Daten und Texte eines Formulars, aber keine Layoutinformationen weitergegeben. Dies ermöglicht Anwendungen außerhalb von SAP, auf die Inhalte der Formulare zuzugreifen und diese weiter zu verarbeiten.[48]

Als ein solches mögliches System sei hier NewLeaf© genannt. Es ist ein bekanntes, einfaches System zur Erstellung von Formularen die im High Speed Printing Bereich auf Windows-Basis, von großen, namhaften Unternehmen verwendet werden.[49]

Ein Beispiel einer Ausgabe im XSF-Format ist in der Anlage 3 zu finden.

4.2 Andere, zusätzliche Möglichkeiten zur Formularerstellung

XSF ist nicht die einzige und letzte Möglichkeit zur externen Formularerstellung. SAP bietet auch die Möglichkeit, Daten mit Hilfe von ABAP-Programmen in unterschiedlichen Formaten außerhalb des Systems abzuspeichern. Erwähnt sei hier besonders die RDI-Schnittstelle, die im folgenden Kapitel noch etwas näher erläutert wird.

SAP bietet über die RFC-API (Remote Function Calls – Application Programming Interface) oder die BAPI (Business Application Programming Interface) Schnittstellen, auch die Möglichkeit der direkten Verknüpfung externer Anwendungen zum SAP-System. In dieser Konstellation können die Designwerkzeuge direkt auf die Daten von SAP zugreifen und diese dann verarbeiten.

---

[47] Hertleif, W., Wachter, C. (2003), S. 329.
[48] Eben so ebd. (gleiche Seite wie bei [47]).
[49] Eben so http://www.newleaf.de/index_.html, o.V., o. S., Stand 30.01.2005 18:00.

SAP erlaubt aber nicht über diese Schnittstellen direkt in seine Datenbanken zurückzuschreiben, sondern nur über den Umweg einer Applikations-internen Matrix.[50]

4.3 Rohdatenschnittstelle (RDI)

Auch diese Schnittstelle liefert nur Rohdaten aus Formularen, um die Unterstützung von Werkzeugen außerhalb von SAP zu nutzen. Diese Schnittstelle ist standardisiert und wird oft im Bereich der Portooptimierung eingesetzt.

Der gravierende Unterschied dieser Datenschnittstellen und der zuvor genannten ist aber der, dass jedes der Datenfelder jeweils nur in einer Zeile liegt und auch den Feldnamen mitgeliefert bekommt. So kann es egal sein, mit welchen Werkzeugen in welche Datenspeicher, wie z.B. Datenbanken, die Daten eingelesen werden.

Ein kleines Beispiel darüber, wie der Inhalt aussehen könnte, ist im Anhang 3 zu finden. Die Daten werden über die SAP eigene Scriptsprache, SAPScript, im RDI-Format ausgegeben.

Dazu ist in der Anlage 4 ein Beispiel aus einer Datei mit dem Inhalt von RDI Parametern.

In der Anlage 5 ist ein Auszug eines SAPScript-Codes.

4.4 Java

Gerade in dieser Hinsicht hat sich bei SAP in letzter Zeit viel getan. Schaffung von Schnittstellen zu modernen Programmiersprachen wie z.B. Java oder .NET. Dies ist eine wesentliche Erweiterung in jeder Hinsicht. Damit bestehen nun die Möglichkeiten, Formulare mit den Daten und den zu verwendenden Werkzeugen direkt zu verknüpfen.[51]

„Der JCo ist als dynamische Bibliothek und als Java-JAR-File implementiert. Er kann somit für Standalone-Java-Anwendung ebenso wie für integrierte Anwendung, z.B. im Rahmen des J2EE-Frameworks, eingesetzt werden."[52]

---

[50] Eben so Meiners, J., Nüßer, W. (2004), S. 143 bis 149.
[51] Eben so Meiners, J., Nüßer, W. (2004), S. 364 ff.
[52] Ebd., S. 355 (bei anderer Seite).

Durch einen Parameter können über den RFC-Server in einfachster Form aus dem Funktionsobjekt mit Hilfe der Methode getExportParameterlist Daten gewonnen werden.[53]

Aber nicht nur Daten passiv einlesen, sondern auch aktiv manipulieren bietet der JCo an. Die Methoden insertRow(pos), appendRow() und deleteRow() können verwendet werden. Und um vorhandene Inhalte zu ändern, kann die Methode setValue(wert, name) eingesetzt werden. Die Konvertierungsaufgaben übernimmt der JCo automatisch.[54]

Die Beziehung zwischen der Java- und der SAP-Welt ist noch nicht abschließend definiert. Anders bei den Beziehungen in der klassischen RFC-Umgebung,. C++, ActiveX etc.[55]

---

[53] Vgl. ebd., S. 364 (bei anderer Seite).
[54] Eben so ebd., S. 365 (bei anderer Seite).
[55] Vgl. ebd., S. 373 (bei anderer Seite).

5 Workflowmanagement

Bei den vielen Aufgaben und Werkzeugen zur Formularentwicklung, die auch noch der Reihenfolge nach zu erledigen sind, geht einem schnell der Überblick verloren.

Und damit dies nicht passiert, bietet SAP auch dazu einen Job im Workflowmanagement an. In einem Workflow werden Prozesse abgebildet, welche die einzelnen Schritte in der richtigen Reihenfolge darstellen, die zu einem erfolgreichen Abschluss der Formularerstellung führen.

Jeder einzelne Schritt kann erst dann bearbeitet werden, wenn der vorherige Schritt erfolgreich abgeschlossen wurde. Zusätzlich wird in jedem Schritt gleich das dafür erforderliche Werkzeug eingesetzt. Es bietet somit eine große Unterstützung zur erfolgreichen Formularerstellung.

Abbildung 10: Workflowmanagement für Formulare[56]

---

[56] SAP AG, Stand 15.01.2005 14:10.

6 Abschluss

SAP liefert in all ihren Anwendungen insgesamt mehrere hundert verschiedene Formular-Templates für unterschiedliche Geschäftsprozesse aus. Um die Arbeit bei der Einführung der wichtigsten und meistgenutzten Formulare weiter zu reduzieren, werden die sog. Preconfigured Smart Forms noch zusätzlich angeboten.

Es können auch Beispielformulare mit dem Präfix SF_Example_ angesehen und mit einem Programm gleichen Namens über den ABAP Editor (Transaktion 38) aufgerufen werden.[57]

Weitere Formulare für US-Anforderungen aus den Anwendungen MM (Materialwirtschaft), SD (Vertrieb) und FI (Finanzwesen) sowie lokalisierte Formulare für Anforderungen Frankreich, Deutschland, Italien und Großbritannien, können vom SAP Service Marketplace heruntergeladen werden (siehe http://service.sap.com/preconfiguredforms).[58]

In der Anlage 6 befindet sich noch ein kleiner Ausschnitt der vielen Formulare, die im SAP-System angeboten, eingesetzt und bearbeitet werden.

Um sich in dieser Menge an Formularen zurechtzufinden und um die vielen Funktionalitäten der Werkzeuge besser kennen zu lernen, bedarf es wesentlich mehr als das Lesen dieser Arbeit. Dem Leser sollte nur ein Einblick in das Formularwesen gegeben werden und wie SAP mit dieser Herausforderung umgeht, bzw. welche Werkzeuge dafür zur Verfügung stehen.

---

[57] Vgl.
http://help.sap.com/saphelp_erp2004/helpdata/de/4b/effd38fbea022ee10000000a114084/frameset.htm, o. V., o. S., Stand 30.01.2005 20:45.
[58] Vgl. Hertleif, W., Wachter, C. (2003), S. 487.

Anlagenverzeichnis

Anlagen

Anlage 1: Ein Beispiel der vermischten Formularart. (Quelle: Entnommen aus der Datei „5148_dunning.ps" aus dem System der Firma SAP AG.)

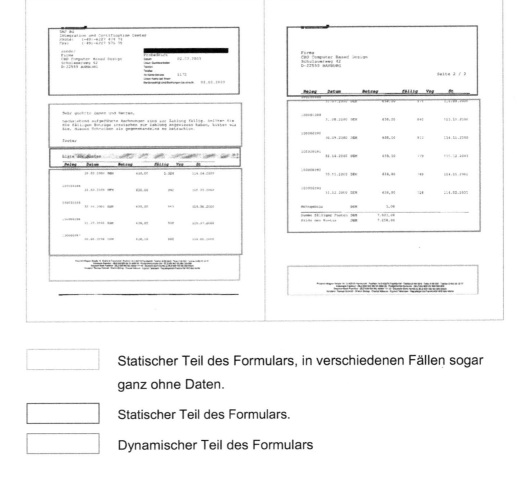

Statischer Teil des Formulars, in verschiedenen Fällen sogar ganz ohne Daten.

Statischer Teil des Formulars.

Dynamischer Teil des Formulars

Anlage 2: Ein Auszug eines ABAP Beispielprogrammcodes: (Quelle: Entnommen aus der Datei „/1BCDWB/SF00000019" aus dem System der Firma SAP AG.)

```
IF CONTROL_PARAMETERS-NO_OPEN = SPACE.
  CALL FUNCTION 'SSF_CREATE_COMPOSER_INPUT'
    EXPORTING
      ARCHIVE_PARAMETERS = ARCHIVE_PARAMETERS
      USER_SETTINGS      = USER_SETTINGS
      MAIL_SENDER        = MAIL_SENDER
      MAIL_RECIPIENT     = MAIL_RECIPIENT
      MAIL_APPL_OBJ      = MAIL_APPL_OBJ
      OUTPUT_OPTIONS     = OUTPUT_OPTIONS
      CONTROL_PARAMETERS = CONTROL_PARAMETERS
    IMPORTING
      INPUT          = %INPUT.
  IF OUTPUT_OPTIONS-XSFCMODE = SPACE.
    %INPUT-XSF         = ' '.
    %INPUT-XSFOUTMODE  = ' '.
    %INPUT-XSFOUTDEV   = ' '.
    %INPUT-XSFACTION   = ' '.
    %INPUT-XSFFORMAT   = ' '.
  ENDIF.
  CALL FUNCTION 'SSFCOMP_OPEN'
    EXPORTING INPUT   = %INPUT
    IMPORTING RESULT  = %RESULT_OP
    EXCEPTIONS OTHERS = 1.
  IF SY-SUBRC <> 0.
    %VARIANT = SPACE.
    PERFORM %RAISE.
  ENDIF.
  JOB_OUTPUT_OPTIONS = %RESULT_OP.
ENDIF.
```

Anlage 3: Eine Ausgabe im XSF-Format: (Quelle: Entnommen der Datei „5157_Invoice.xml" aus dem System der Firma SAP AG.)

```
<DoTask InternalID="55" TaskName="Text Lib" Left="696"
    Top="436" Width="64" Height="72" ImageId="0" Hide-
    TaskName="False" FillColor="[143,239,239]"
    TextColor="[0,0,0]" TextFont="[Microsoft Sans
    Serif,9.00,False,False,False,False]" />
<DoTask InternalID="56" TaskName="LOG PDI" Left="240"
    Top="496" Width="64" Height="68" ImageId="0" Hide-
    TaskName="False" FillColor="[123,162,239]"
    TextColor="[0,0,0]" TextFont="[Microsoft Sans
    Serif,9.00,False,False,False,False]" />
```

Anlage 4: Ein Beispiel aus einer Datei mit dem Inhalt von RDI Parametern: (Quelle: Entnommen aus der Datei „000l0XMv_$JOBID_02W4.EUR" der Firma PrintSoft Systems GmbH.)

```
DVBDPR-MATE_0001_1 werner
DVBDKR-ROUTE 100001
DVBDKR-ROUTE_BEZ Paketdienst 1
DVBDPR-VBELN_VL 80000896
DVBDPR-LEDAT 05.06.2001
DVBDPR-BSTDK 05.06.2001
DVBDPR-VBELN_VAUF 1836
DVBDPR-AUDAT 05.06.2001
DVBDKR-AUGRU 23
DVBDKR-AUGRU_BEZ Telefonischer Kundenauftrag
DVBDPR-FORNR 11400
DVBDPR-FORNR_BEZ TREND
DVBDPR-DEKNR 800001
DVBDPR-DEKNR_BEZ WEISS
```

Anlage 5: Ein Auszug eines SAPScript-Codes: (Quelle: entnommen aus der Datei „ZZSD01_RECHNUNG-01-10-29.txt" der Firma PrintSoft Systems GmbH.)

```
MAIN

Element RDI_SORT
/: DEFINE &SORT01& = &VBDKR-NAST_KSCHL&
/: DEFINE &SORT02& = &VBDKR-VKORG&
/: DEFINE &SORT03& = &VBDKR-VKBUR&
/: DEFINE &SORT04& = &VBDKR-VRTNR&
/: DEFINE &SORT05& = &VBDKR-LAND1&
/: DEFINE &SORT06& = &VBDKR-KUNZM&
/: DEFINE &SORT07& = &VBDKR-DRUCKER&
/: PERFORM RDI_FILL_INTERNAL_SORTFIELDS IN PROGRAM RSTXSORT
/: USING &SORT01&
/: USING &SORT02&
/: USING &SORT03&
/: USING &SORT04&
/: USING &SORT05&
/: USING &SORT06&
/: USING &SORT07&
/: ENDPERFORM
```

Anlage 6: Ein kleiner Ausschnitt der vielen Formulare, die im SAP-System angeboten, eingesetzt und bearbeitet werden: (Quelle: Entnommen aus dem System der Firma SAP AG.)

Name	Bedeutung	Typ eines Smart For...
ANNAHMEANORDNUNG	Annahmeanordnung	Standardformular
ANORDNUNGEN	SmartForms für Anordnungsdruck	Standardformular
BC470_DATAS	Rechnung über Flugbuchungen	Standardformular
BC470_DATAT	Rechnung über Flugbuchungen	Standardformular
BC470_DUNNING	ACC-FI-Mahnen mit Smart Forms	Standardformular
BC470_FLOWD_COPIES	Rechnung f. Original u. Kopie	Standardformular
BC470_FLOWD_FINAL	Demo mit Abschlussfenster	Standardformular
BC470_FLOWD_FINISHED	Rechnung über Flugbuchungen	Standardformular
BC470_FLOWD_LABELS	Etikettendruck	Standardformular
BC470_FLOWD_LOOP	Mit Schleife über Buchungen	Standardformular
BC470_FLOWD_SUBTOTAL	Kumulierte Gesamtsumme im Fuß	Standardformular
BC470_FLOWD_UNFINISHED	Rechnung über Flugbuchungen	Standardformular
BC470_FLOWS	Rechnung über Flugbuchungen	Standardformular
BC470_FLOWS2	Rechnung mit Tabelle	Standardformular
BC470_FLOWS2_OLD_TABLE	Rechnung mit 4.6C-Tabelle	Standardformular
BC470_STEPS	Übungsformular des 1. Kapitels	Standardformular
BC470_STEPT	Vorlage für 1. Übung	Standardformular
BC470_TABLS	Rechnung mit Tabelle	Standardformular
BC470_TABLS_OLD_TABLE	Rechnung mit 4.6C-Tabelle	Standardformular
BC470_TABLS_TICKET	Demo Flugticket	Standardformular
BC470_TABLS_TICKET_COMPLEX	Demo Flugticket	Standardformular
BC470_TABLT_OLD_TABLE	Vorl. mit leerer 4.6C-Tabelle	Standardformular
BC470_TABLT_TICKET	Vorlage für Demo Flugticket	Standardformular
BC470_TEXTD_CAM	Demo der ZAV	Standardformular
BC470_TEXTD_WITHOUT_CAM	Formatierte Adressen ohne ZAV	Standardformular
BC470_TEXTS	Rechnung über Flugbuchungen	Standardformular
BC470_TEXTT	Rechnung über Flugbuchungen	Standardformular
BCS_FAX_COVER	Neues Formular	Standardformular
BTF_SYSTEM	BTF Standardformular	Standardformular
CATSXT_HISTORY	Arbeitszeitblatt - Historie	Standardformular
DEMO_SMART_FORM_PPF	Neues Formular	Standardformular
DNO_NOTIFICATION	Druck Basis-Meldung	Standardformular
DV9ZUABGANG	Neues Formular	Standardformular
DV9ZUABGANG2	DV9	Standardformular
EBPP_DEBIT_CREDIT_MEMO	EBPP: Benachrichtigung	Standardformular
F150_DUNN_SF	ACC-FI-Mahnen	Standardformular
FIRSTTEST		Standardformular
FMFUNDSRES	Mittelvormerkungen	Standardformular
FM_DE_GRUPPSICHT	Gruppierungsübersicht JRechn.	Standardformular
FM_DE_HHRECHNUNG	Jahresrechnung	Standardformular
FM_DE_QUERSCHNITT_1	Querschnitt Einzelplan 0-8	Standardformular
FM_DE_QUERSCHNITT_2	Querschnitt Einzelplan 9	Standardformular

15.01.2005 13:30 © SAP

Literaturverzeichnis

Hertleif, W., Wachter, C. (2003): SAP Smart Forms, 2. Auflage 2003, © Galileo Press GmbH, Bonn.

Meiners, J., Nüßer, W. (2004): . SAP-Schnittstellenprogrammierung, 1. Auflage 2004, © Galileo Press GmbH, Bonn.

o. V.: .... http://www.4managers.de/01-Themen/..%5C10-In-halte%5Casp%5Ccorporateidentity.asp?hm=1&um=C, Stand 23.01.2005 21:00.

o. V.: .... http://www.forms2web.at/formulardesign.html, Stand 18.01.2005 14:14.

o. V.: .... http://www.newleaf.de/index_.html, Stand 30.01.2005 18:00.

o. V.: .... http://help.sap.com/saphelp_erp2004/helpdata/de/9b/e3b0e0c2a711d3b558006094192fe3/frameset.htm, Stand 06.01.2005 14:05.

o. V.: .... http://help.sap.com/saphelp_erp2004/helpdata/de/87/1a4db7a3ad11d2bd69080009b4534c/frameset.htm, Stand 23.01.2005 18:40.

o. V.: .... http://help.sap.com/saphelp_erp2004/helpdata/de/4b/83fb45df8f11d3969700a0c930660b/frameset.htm, Stand 06.01.2005 14:04.

o. V.: .... http://help.sap.com/saphelp_erp2004/helpdata/de/4b/83fb4edf8f11d3969700a0c930660b/frameset.htm, Stand 06.01.2005 14:02.

o. V.: .... http://help.sap.com/saphelp_erp2004/helpdata/de/69/34fd1a55ce44aeb2df7c30c9cb7a2b/frameset.htm, Stand 28.01.2005 16:30.

o. V.: .... http://www.sap.com/germany/company/index.aspx, Stand 23.01.2005 17:30.

o. V.: .... http://de.wikipedia.org/wiki/Formular, Stand 30.01.2005 14:30.

PrintSoft Systems GmbH .... verschiedene Quellen im Anhang.

SAP AG: .... IDES, bzw. R3/System, Stand 15.01.2005.

Der Autor

Heinrich Barta, Jahrgang 1963, befasst sich bereits seit 1987 mit dem Erstellen von Formularen für die Massendruckproduktion. Seine Diplomarbeit behandelt das Thema der Problematik des Umbruchs von Papierdokumenten in elektronische Dokumente und der Auswirkung auf den Output Management-Markt. Über zehn Jahre war er als Technical Consultant bei einem Softwarehersteller für Output Management-Software in Kundenprojekten tätig. Seit 2012 ist er als Application Architect für Output Management-Lösungen im Enterprise-Content-Management-Umfeld für die Kunden der CSC Deutschland Consulting GmbH, eines der weltweit führenden IT-Beratungs- und -Dienstleistungsunternehmen, beschäftigt.

www.ingramcontent.com/pod-product-compliance
Lightning Source LLC
LaVergne TN
LVHW080119070326
832902LV00015B/2675